MAG GYMNASTICS GOALBOOK

© Dream Co Publishing 2019. ISBN 978-0-9951255-5-1

Sports club bulk orders: orders@dreamcomedia.nz

Contents:

Info	page 1
Inspirational quotes	page 2
Yearly Goals	page 4
Training Goals	page 8
Competition Goals	page 64

Gymnastics Info:

Name: _____

Age: _____

Level: _____

Club: _____

Coach/es: _____

_____

Favourite skill/s: _____

_____

_____

Favourite apparatus/s: _____

_____

Favourite Olympic gymnast: _____

_____

Inspirational words or quotes:

Inspirational words or quotes:

My Yearly Goals:

Date: _____

Floor: _____

_____

Pommel horse: _____

_____

Rings: _____

_____

Vault: _____

_____

Parallel bars: _____

_____

High bar: _____

_____

Comments: _____

_____

◇ *You can do it!* ◇

My Yearly Outcomes:

Date: _____

Floor: _____

_____

Pommel horse: _____

_____

Rings: _____

_____

Vault: _____

_____

Parallel bars: _____

_____

High bar: _____

_____

Comments: _____

_____

◇ *Go for gold!* ◇

My Yearly Goals:

Date: _____

Floor: _____
_____

Pommel horse: _____
_____

Rings: _____
_____

Vault: _____
_____

Parallel bars: _____
_____

High bar: _____
_____

Comments: _____
_____

◇ *Dreams are possible.* ◇

My Yearly Outcomes:

Date: _____

Floor:_____

_____

Pommel horse: _____

_____

Rings:_____

_____

Vault:_____

_____

Parallel bars: _____

_____

High bar: _____

_____

Comments:_____

_____

◇ *Flipping out is fun!* ◇

My Training Goals:

Date: _____

Floor: _____

_____

Pommel horse: _____

_____

Rings: _____

_____

Vault: _____

_____

Parallel bars: _____

_____

High bar: _____

_____

Comments: _____

_____

◇ *Don't give up!* ◇

My Training Outcomes:

Date: _____

Floor:_____
_____

Pommel horse: _____
_____

Rings:_____
_____

Vault:_____
_____

Parallel bars: _____
_____

High bar: _____
_____

Comments:_____
_____

◇ *Train like a champion.* ◇

My Training Goals:

Date: _____

Floor: _____

_____

Pommel horse: _____

_____

Rings: _____

_____

Vault: _____

_____

Parallel bars: _____

_____

High bar: _____

_____

Comments: _____

_____

◇ *Aim high!* ◇

My Training Outcomes:

Date: _____

Floor:_____

_____

Pommel horse: _____

_____

Rings:_____

_____

Vault:_____

_____

Parallel bars: _____

_____

High bar: _____

_____

Comments:_____

_____

◇ *You're a star!* ◇

My Training Goals:

Date: _____

Floor: _____

_____

Pommel horse: _____

_____

Rings: _____

_____

Vault: _____

_____

Parallel bars: _____

_____

High bar: _____

_____

Comments: _____

_____

◇ *If you don't try – you won't know what you're actually capable of.* ◇

My Training Outcomes:

Date: _____

Floor: _____

_____

Pommel horse: _____

_____

Rings: _____

_____

Vault: _____

_____

Parallel bars: _____

_____

High bar: _____

_____

Comments: _____

_____

◇ *You got this!* ◇

My Training Goals:

Date: _____

Floor: _____
_____

Pommel horse: _____
_____

Rings: _____
_____

Vault: _____
_____

Parallel bars: _____
_____

High bar: _____
_____

Comments: _____
_____

◇ *Gymnastics counts as flying.* ◇

My Training Outcomes:

Date: _____

Floor: _____

_____

Pommel horse: _____

_____

Rings: _____

_____

Vault: _____

_____

Parallel bars: _____

_____

High bar: _____

_____

Comments: _____

_____

◇ *Men's gymnastics is awesome!* ◇

My Training Goals:

Date: _____

Floor: _____

_____

Pommel horse: _____

_____

Rings: _____

_____

Vault: _____

_____

Parallel bars: _____

_____

High bar: _____

_____

Comments: _____

_____

Rings, pommel, parallel bars, high bar, vault and floor!

My Training Outcomes:

Date: _____

Floor: _____

_____

Pommel horse: _____

_____

Rings: _____

_____

Vault: _____

_____

Parallel bars: _____

_____

High bar: _____

_____

Comments: _____

_____

◇ *Don't forget to have fun.* ◇

My Training Goals:

Date: _____

Floor: _____

_____

Pommel horse: _____

_____

Rings: _____

_____

Vault: _____

_____

Parallel bars: _____

_____

High bar: _____

_____

Comments: _____

_____

Run towards a challenge, not away from it.

My Training Outcomes:

Date: _____

Floor: _____

_____

Pommel horse: _____

_____

Rings: _____

_____

Vault: _____

_____

Parallel bars: _____

_____

High bar: _____

_____

Comments: _____

_____

◇ *Fly like an eagle.* ◇

My Training Goals:

Date: _____

Floor: _____

_____

Pommel horse: _____

_____

Rings: _____

_____

Vault: _____

_____

Parallel bars: _____

_____

High bar: _____

_____

Comments: _____

_____

◇ *You're amazing.* ◇

My Training Outcomes:

Date: _____

Floor: _____

_____

Pommel horse: _____

_____

Rings: _____

_____

Vault: _____

_____

Parallel bars: _____

_____

High bar: _____

_____

Comments: _____

_____

◇ *Believe – achieve.* ◇

My Training Goals:

Date: _____

Floor: _____

_____

Pommel horse: _____

_____

Rings: _____

_____

Vault: _____

_____

Parallel bars: _____

_____

High bar: _____

_____

Comments: _____

_____

◇ ... *it's a gymnast thing.* ◇

My Training Outcomes:

Date: _____

Floor:_____

_____

Pommel horse: _____

_____

Rings:_____

_____

Vault:_____

_____

Parallel bars: _____

_____

High bar: _____

_____

Comments:_____

_____

◇ *Be strong, be powerful. And smile!* ◇

My Training Goals:

Date: _____

Floor: _____

_____

Pommel horse: _____

_____

Rings: _____

_____

Vault: _____

_____

Parallel bars: _____

_____

High bar: _____

_____

Comments: _____

_____

◇ *You can do it!* ◇

My Training Outcomes:

Date: _____

Floor: _____
_____

Pommel horse: _____
_____

Rings: _____
_____

Vault: _____
_____

Parallel bars: _____
_____

High bar: _____
_____

Comments: _____
_____

◇ *Go for gold!* ◇

My Training Goals:

Date: _____

Floor: _____

_____

Pommel horse: _____

_____

Rings: _____

_____

Vault: _____

_____

Parallel bars: _____

_____

High bar: _____

_____

Comments: _____

_____

◇ *Dreams are possible.* ◇

My Training Outcomes:

Date: _____

Floor: _____

_____

Pommel horse: _____

_____

Rings: _____

_____

Vault: _____

_____

Parallel bars: _____

_____

High bar: _____

_____

Comments: _____

_____

◇ *Flipping out is fun!* ◇

My Training Goals:

Date: _____

Floor: _____

_____

Pommel horse: _____

_____

Rings: _____

_____

Vault: _____

_____

Parallel bars: _____

_____

High bar: _____

_____

Comments: _____

_____

◇ *Don't give up!* ◇

My Training Outcomes:

Date: _____

Floor:_____

_____

Pommel horse: _____

_____

Rings:_____

_____

Vault:_____

_____

Parallel bars: _____

_____

High bar: _____

_____

Comments:_____

_____

◇ *Train like a champion.* ◇

My Training Goals:

Date: _____

Floor: _____

_____

Pommel horse: _____

_____

Rings: _____

_____

Vault: _____

_____

Parallel bars: _____

_____

High bar: _____

_____

Comments: _____

_____

◇ *Aim high!* ◇

My Training Outcomes:

Date: _____

Floor: _____

_____

Pommel horse: _____

_____

Rings: _____

_____

Vault: _____

_____

Parallel bars: _____

_____

High bar: _____

_____

Comments: _____

_____

◇ *You're a star!* ◇

My Training Goals:

Date: _____

Floor: _____
_____

Pommel horse: _____
_____

Rings: _____
_____

Vault: _____
_____

Parallel bars: _____
_____

High bar: _____
_____

Comments: _____
_____

 If you don't try – you won't know what you're actually capable of.

My Training Outcomes:

Date: _____

Floor:_____

_____

Pommel horse: _____

_____

Rings:_____

_____

Vault:_____

_____

Parallel bars: _____

_____

High bar: _____

_____

Comments:_____

_____

◇   *You got this!*   ◇

My Training Goals:

Date: _____

Floor: _____
_____

Pommel horse: _____
_____

Rings: _____
_____

Vault: _____
_____

Parallel bars: _____
_____

High bar: _____
_____

Comments: _____
_____

◇ *Gymnastics counts as flying.* ◇

My Training Outcomes:

Date: _____

Floor: _____
_____

Pommel horse: _____
_____

Rings: _____
_____

Vault: _____
_____

Parallel bars: _____
_____

High bar: _____
_____

Comments: _____
_____

◇ *Men's gymnastics is awesome!* ◇

My Training Goals:

Date: _____

Floor: _____

_____

Pommel horse: _____

_____

Rings: _____

_____

Vault: _____

_____

Parallel bars: _____

_____

High bar: _____

_____

Comments: _____

_____

◇ *Rings, pommel, parallel bars, high bar, vault and floor!* ◇

My Training Outcomes:

Date: _____

Floor: _____

_____

Pommel horse: _____

_____

Rings: _____

_____

Vault: _____

_____

Parallel bars: _____

_____

High bar: _____

_____

Comments: _____

_____

◇ *Don't forget to have fun.* ◇

My Training Goals:

Date: _____

Floor: _____

_____

Pommel horse: _____

_____

Rings: _____

_____

Vault: _____

_____

Parallel bars: _____

_____

High bar: _____

_____

Comments: _____

_____

◇ *Run towards a challenge, not away from it.* ◇

My Training Outcomes:

Date: _____

Floor: _____

_____

Pommel horse: _____

_____

Rings: _____

_____

Vault: _____

_____

Parallel bars: _____

_____

High bar: _____

_____

Comments: _____

_____

◇ *Fly like an eagle.* ◇

My Training Goals:

Date: _____

Floor: _____

_____

Pommel horse: _____

_____

Rings: _____

_____

Vault: _____

_____

Parallel bars: _____

_____

High bar: _____

_____

Comments: _____

_____

◇ *You're amazing.* ◇

My Training Outcomes:

Date: _____

Floor:_____

_____

Pommel horse: _____

_____

Rings:_____

_____

Vault:_____

_____

Parallel bars: _____

_____

High bar: _____

_____

Comments:_____

_____

◇ *Believe – achieve.* ◇

My Training Goals:

Date: _____

Floor: _____

_____

Pommel horse: _____

_____

Rings: _____

_____

Vault: _____

_____

Parallel bars: _____

_____

High bar: _____

_____

Comments: _____

_____

◇ *... it's a gymnast thing.* ◇

My Training Outcomes:

Date: _____

Floor: _____

_____

Pommel horse: _____

_____

Rings: _____

_____

Vault: _____

_____

Parallel bars: _____

_____

High bar: _____

_____

Comments: _____

_____

◇ *Be strong, be powerful. And smile!* ◇

My Training Goals:

Date: _____

Floor: _____

_____

Pommel horse: _____

_____

Rings: _____

_____

Vault: _____

_____

Parallel bars: _____

_____

High bar: _____

_____

Comments: _____

_____

◇ *You can do it!* ◇

My Training Outcomes:

Date: _____

Floor:_____

_____

Pommel horse: _____

_____

Rings:_____

_____

Vault:_____

_____

Parallel bars: _____

_____

High bar: _____

_____

Comments:_____

_____

◇ *Go for gold!* ◇

My Training Goals:

Date: _____

Floor: _____

_____

Pommel horse: _____

_____

Rings: _____

_____

Vault: _____

_____

Parallel bars: _____

_____

High bar: _____

_____

Comments: _____

_____

◇ *Dreams are possible.* ◇

My Training Outcomes:

Date: _____

Floor:_____
_____

Pommel horse: _____
_____

Rings:_____
_____

Vault:_____
_____

Parallel bars: _____
_____

High bar: _____
_____

Comments:_____
_____

◇ *Flipping out is fun!* ◇

My Training Goals:

Date: _____

Floor: _____
_____

Pommel horse: _____
_____

Rings: _____
_____

Vault: _____
_____

Parallel bars: _____
_____

High bar: _____
_____

Comments: _____
_____

 If you don't try – you won't know what you're actually capable of.

My Training Outcomes:

Date: _____

Floor: _____

_____

Pommel horse: _____

_____

Rings: _____

_____

Vault: _____

_____

Parallel bars: _____

_____

High bar: _____

_____

Comments: _____

_____

◇ *You got this!* ◇

My Training Goals:

Date: _____

Floor: _____
_____

Pommel horse: _____
_____

Rings: _____
_____

Vault: _____
_____

Parallel bars: _____
_____

High bar: _____
_____

Comments: _____
_____

Rings, pommel, parallel bars, high bar, vault and floor!

My Training Outcomes:

Date: _____

Floor:_____

_____

Pommel horse: _____

_____

Rings:_____

_____

Vault:_____

_____

Parallel bars: _____

_____

High bar: _____

_____

Comments:_____

_____

◇ *Don't forget to have fun.* ◇

My Training Goals:

Date: _____

Floor: _____

_____

Pommel horse: _____

_____

Rings: _____

_____

Vault: _____

_____

Parallel bars: _____

_____

High bar: _____

_____

Comments: _____

_____

Run towards a challenge, not away from it.

My Training Outcomes:

Date: _____

Floor:_____
_____

Pommel horse: _____
_____

Rings:_____
_____

Vault:_____
_____

Parallel bars: _____
_____

High bar: _____
_____

Comments:_____
_____

◇ *Fly like an eagle.* ◇

My Training Goals:

Date: _____

Floor: _____

_____

Pommel horse: _____

_____

Rings: _____

_____

Vault: _____

_____

Parallel bars: _____

_____

High bar: _____

_____

Comments: _____

_____

◇ *You're amazing.* ◇

My Training Outcomes:

Date: _____

Floor:_____

_____

Pommel horse: _____

_____

Rings:_____

_____

Vault:_____

_____

Parallel bars: _____

_____

High bar: _____

_____

Comments:_____

_____

◇   *Believe – achieve.*   ◇

My Training Goals:

Date: _____

Floor: _____

_____

Pommel horse: _____

_____

Rings: _____

_____

Vault: _____

_____

Parallel bars: _____

_____

High bar: _____

_____

Comments: _____

_____

◇ ...it's a gymnast thing. ◇

My Training Outcomes:

Date: _____

Floor: _____

_____

Pommel horse: _____

_____

Rings: _____

_____

Vault: _____

_____

Parallel bars: _____

_____

High bar: _____

_____

Comments: _____

_____

◇ *Be strong, be powerful. And smile!* ◇

My Training Goals:

Date: _____

Floor: _____

_____

Pommel horse: _____

_____

Rings: _____

_____

Vault: _____

_____

Parallel bars: _____

_____

High bar: _____

_____

Comments: _____

_____

◇ *You can do it!* ◇

My Training Outcomes:

Date: _____

Floor: _____

_____

Pommel horse: _____

_____

Rings: _____

_____

Vault: _____

_____

Parallel bars: _____

_____

High bar: _____

_____

Comments: _____

_____

◇ *Go for gold!* ◇

My Training Goals:

Date: _____

Floor: _____

_____

Pommel horse: _____

_____

Rings: _____

_____

Vault: _____

_____

Parallel bars: _____

_____

High bar: _____

_____

Comments: _____

_____

◇ *Dreams are possible.* ◇

My Training Outcomes:

Date: _____

Floor: _____

_____

Pommel horse: _____

_____

Rings: _____

_____

Vault: _____

_____

Parallel bars: _____

_____

High bar: _____

_____

Comments: _____

_____

◇ *Flipping out is fun!* ◇

My Training Goals:

Date: _____

Floor: _____

_____

Pommel horse: _____

_____

Rings: _____

_____

Vault: _____

_____

Parallel bars: _____

_____

High bar: _____

_____

Comments: _____

_____

◇ *Don't give up!* ◇

My Training Outcomes:

Date: _____

Floor: _____

_____

Pommel horse: _____

_____

Rings: _____

_____

Vault: _____

_____

Parallel bars: _____

_____

High bar: _____

_____

Comments: _____

_____

◇ *Train like a champion.* ◇

My Competition Goals:

Competition: _____

Floor: _____

_____

Pommel horse: _____

_____

Rings: _____

_____

Vault: _____

_____

Parallel bars: _____

_____

High bar: _____

_____

Comments: _____

_____

◇   *Aim high!*   ◇

My Competition Outcomes:

Competition: _____

Floor: _____
_____

Pommel horse: _____
_____

Rings: _____
_____

Vault: _____
_____

Parallel bars: _____
_____

High bar: _____
_____

Comments: _____
_____

◇ *You're a star!* ◇

My Competition Goals:

Competition: _____

Floor: _____
_____

Pommel horse: _____
_____

Rings: _____
_____

Vault: _____
_____

Parallel bars: _____
_____

High bar: _____
_____

Comments: _____
_____

◇ *If you don't try – you won't know* ◇
what you're actually capable of.

My Competition Outcomes:

Competition: _____

Floor:_____

_____

Pommel horse: _____

_____

Rings:_____

_____

Vault:_____

_____

Parallel bars: _____

_____

High bar: _____

_____

Comments:_____

_____

◇ *You got this!* ◇

My Competition Goals:

Competition: _____

Floor: _____

_____

Pommel horse: _____

_____

Rings: _____

_____

Vault: _____

_____

Parallel bars: _____

_____

High bar: _____

_____

Comments: _____

_____

◇ *Rings, pommel, parallel bars, high bar, vault and floor!* ◇

My Competition Outcomes:

Competition: _____

Floor: _____

_____

Pommel horse: _____

_____

Rings: _____

_____

Vault: _____

_____

Parallel bars: _____

_____

High bar: _____

_____

Comments: _____

_____

◇ *Don't forget to have fun.* ◇

My Competition Goals:

Competition: _____

Floor: _____

_____

Pommel horse: _____

_____

Rings: _____

_____

Vault: _____

_____

Parallel bars: _____

_____

High bar: _____

_____

Comments: _____

_____

Run towards a challenge, not away from it.

My Competition Outcomes:

Competition: _____

Floor: _____
_____

Pommel horse: _____
_____

Rings: _____
_____

Vault: _____
_____

Parallel bars: _____
_____

High bar: _____
_____

Comments: _____
_____

◇ *Fly like an eagle.* ◇

My Competition Goals:

Competition: _____

Floor: _____

_____

Pommel horse: _____

_____

Rings: _____

_____

Vault: _____

_____

Parallel bars: _____

_____

High bar: _____

_____

Comments: _____

_____

◇ *You're amazing.* ◇

My Competition Outcomes:

Competition: _____

Floor:_____

_____

Pommel horse: _____

_____

Rings:_____

_____

Vault:_____

_____

Parallel bars: _____

_____

High bar: _____

_____

Comments:_____

_____

◇ *Believe – achieve.* ◇

My Competition Goals:

Competition: _____

Floor: _____
_____

Pommel horse: _____
_____

Rings: _____
_____

Vault: _____
_____

Parallel bars: _____
_____

High bar: _____
_____

Comments: _____
_____

◇ *...it's a gymnast thing.* ◇

My Competition Outcomes:

Competition: _____

Floor: _____

_____

Pommel horse: _____

_____

Rings: _____

_____

Vault: _____

_____

Parallel bars: _____

_____

High bar: _____

_____

Comments: _____

_____

◇ *Be strong, be powerful. And smile!* ◇

My Competition Goals:

Competition: _____

Floor: _____

_____

Pommel horse: _____

_____

Rings: _____

_____

Vault: _____

_____

Parallel bars: _____

_____

High bar: _____

_____

Comments: _____

_____

◇ *You can do it!* ◇

My Competition Outcomes:

Competition: _____

Floor:_____

_____

Pommel horse: _____

_____

Rings:_____

_____

Vault:_____

_____

Parallel bars: _____

_____

High bar: _____

_____

Comments:_____

_____

◇ *Go for gold!* ◇

My Competition Goals:

Competition: _____

Floor: _____

_____

Pommel horse: _____

_____

Rings: _____

_____

Vault: _____

_____

Parallel bars: _____

_____

High bar: _____

_____

Comments: _____

_____

◇ *Dreams are possible.* ◇

My Competition Outcomes:

Competition: _____

Floor:_____

_____

Pommel horse: _____

_____

Rings:_____

_____

Vault:_____

_____

Parallel bars: _____

_____

High bar: _____

_____

Comments:_____

_____

◇ *Flipping out is fun!* ◇

My Competition Goals:

Competition: _____

Floor: _____

_____

Pommel horse: _____

_____

Rings: _____

_____

Vault: _____

_____

Parallel bars: _____

_____

High bar: _____

_____

Comments: _____

_____

◇ *Don't give up!* ◇

My Competition Outcomes:

Competition: _____

Floor: _____
_____

Pommel horse: _____
_____

Rings: _____
_____

Vault: _____
_____

Parallel bars: _____
_____

High bar: _____
_____

Comments: _____
_____

◇ *Train like a champion.* ◇

My Competition Goals:

Competition: _____

Floor:_____

_____

Pommel horse: _____

_____

Rings:_____

_____

Vault:_____

_____

Parallel bars: _____

_____

High bar: _____

_____

Comments:_____

_____

◇ *Aim high!* ◇

My Competition Outcomes:

Competition: _____

Floor: _____

_____

Pommel horse: _____

_____

Rings: _____

_____

Vault: _____

_____

Parallel bars: _____

_____

High bar: _____

_____

Comments: _____

_____

◇ *You're a star!* ◇

My Competition Goals:

Competition: _____

Floor: _____

_____

Pommel horse: _____

_____

Rings: _____

_____

Vault: _____

_____

Parallel bars: _____

_____

High bar: _____

_____

Comments: _____

_____

◇ *Gymnastics counts as flying.* ◇

My Competition Outcomes:

Competition: _____

Floor:_____

_____

Pommel horse: _____

_____

Rings:_____

_____

Vault:_____

_____

Parallel bars: _____

_____

High bar: _____

_____

Comments:_____

_____

◇ *Men's gymnastics is awesome!* ◇

My Competition Goals:

Competition: _____

Floor: _____

_____

Pommel horse: _____

_____

Rings: _____

_____

Vault: _____

_____

Parallel bars: _____

_____

High bar: _____

_____

Comments: _____

_____

If you don't try – you won't know what you're actually capable of.

My Competition Outcomes:

Competition: _____

Floor: _____

_____

Pommel horse: _____

_____

Rings: _____

_____

Vault: _____

_____

Parallel bars: _____

_____

High bar: _____

_____

Comments: _____

_____

◇ *You got this!* ◇

My Competition Goals:

Competition: _____

Floor: _____

_____

Pommel horse: _____

_____

Rings: _____

_____

Vault: _____

_____

Parallel bars: _____

_____

High bar: _____

_____

Comments: _____

_____

◇ *Aim high!* ◇

My Competition Outcomes:

Competition: _____

Floor:_____
_____

Pommel horse: _____
_____

Rings:_____
_____

Vault:_____
_____

Parallel bars: _____
_____

High bar: _____
_____

Comments:_____
_____

◇ *You're a star!* ◇

My Competition Goals:

Competition: _____

Floor: _____
_____

Pommel horse: _____
_____

Rings: _____
_____

Vault: _____
_____

Parallel bars: _____
_____

High bar: _____
_____

Comments: _____
_____

◇ *Don't give.up!* ◇

My Competition Outcomes:

Competition: _____

Floor:_____

_____

Pommel horse: _____

_____

Rings:_____

_____

Vault:_____

_____

Parallel bars: _____

_____

High bar: _____

_____

Comments:_____

_____

◇ *Train like a champion.* ◇

My Competition Goals:

Competition: _____

Floor: _____
_____

Pommel horse: _____
_____

Rings: _____
_____

Vault: _____
_____

Parallel bars: _____
_____

High bar: _____
_____

Comments: _____
_____

◇ *Rings, pommel, parallel bars,* ◇
high bar, vault and floor!

My Competition Outcomes:

Competition: _____

Floor: _____
_____

Pommel horse: _____
_____

Rings: _____
_____

Vault: _____
_____

Parallel bars: _____
_____

High bar: _____
_____

Comments: _____
_____

◇ *Don't forget to have fun.* ◇

My Competition Goals:

Competition: _____

Floor: _____

_____

Pommel horse: _____

_____

Rings: _____

_____

Vault: _____

_____

Parallel bars: _____

_____

High bar: _____

_____

Comments: _____

_____

◇ *Run towards a challenge, not away from it.* ◇

My Competition Outcomes:

Competition: _____

Floor: _____
_____

Pommel horse: _____
_____

Rings: _____
_____

Vault: _____
_____

Parallel bars: _____
_____

High bar: _____
_____

Comments: _____
_____

◇ *Fly like an eagle.* ◇

Extra notes

www.ingramcontent.com/pod-product-compliance
Lightning Source LLC
Chambersburg PA
CBHW070436010526
44118CB00014B/2064